Contraste insuffisant
NF Z 43-120-14

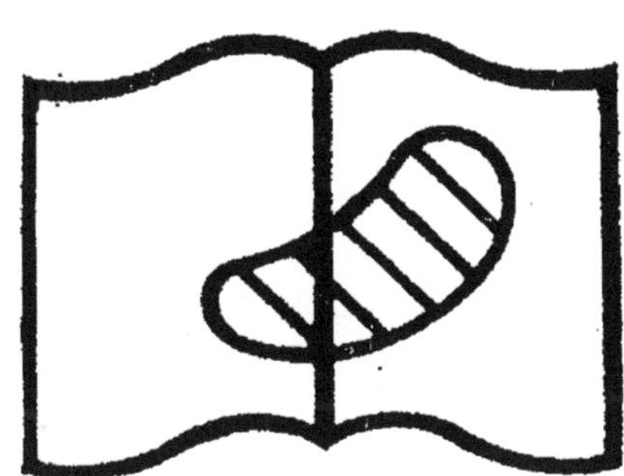

Illisibilité partielle

VALABLE POUR TOUT OU PARTIE DU
DOCUMENT REPRODUIT.

Original en couleur

NF Z 43-120-8

BIBLIOGRAPHIE

DES ŒUVRES

DU R. P.

Dom Paul PIOLIN

Bénédictin de l'Abbaye de Solesmes

CONGRÉGATION DE FRANCE,

ORDRE DE SAINT-BENOIT

SOLESMES

IMPRIMERIE SAINT-PIERRE

—

1888

(8)

BIBLIOGRAPHIE

DES ŒUVRES

DU R. P.

Dom Paul PIOLIN

Bénédictin de l'Abbaye de Solesmes

CONGRÉGATION DE FRANCE,

ORDRE DE SAINT-BENOIT

SOLESMES

IMPRIMERIE SAINT-PIERRE

1888

ŒUVRES
du R. P. Dom Paul PIOLIN

né le 21 février 1817 à Bourgneuf-la-Forêt
(ancien diocèse du Mans, actuellement diocèse de Laval),
profès le 15 janvier 1842,
Président de la Société historique & archéologique du Maine.

HISTOIRE ECCLÉSIASTIQUE
de la France

Réimpression du *Gallia Christiana*. Lettre publiée par le R. P. dom Paul Piolin.

In-8, de 4 pages. Le Mans, Monnoyer, 1869.

— Reproduite dans l'*Univers*, 2 juillet 1869; dans l'*Union*, 1er juillet 1869; & dans la *Semaine du Fidèle du Mans*, 22 mai 1869.

— Le même, avec quelques additions sur les sept nouveaux volumes publiés.

In-8, de 4 p. Le Mans, Monnoyer, 1879.

GALLIA CHRISTIANA in provincias ecclesiasticas distributa, qua series & historia archiepiscoporum, episcoporum & abbatum Franciæ, vicinarumque ditionum ab origine ecclesiarum ad nostra tempora deducitur & probatur ex authenticis instrumentis ad calcem positis; opera & studio domni Dionysii Sammarthani, presbyteri & monachi O. S. B. e Congregatione Sancti Mauri, nec non monachorum ejusdem Congregationis.

Editio altera, labore & curis domni Pauli Piolin, presbyteri & monachi ejusdem O. S. B. e Congregatione Gallica, recensita & aucta.

— T. I, complectens provincias *Albiensem, Aquensem, Arelatensem, Avenionensem, Ausciensem.*
In fol. de 32 fol. limin. 1330-228-LXXI & 54 p.
Parisiis, Palmé; Romæ, libraria S. Congregationis de Propaganda Fide. MDCCCLXX.

— T. II, complectens provincias *Bituricensem & Burdigalensem.* 8 fol. limin. 1543-520-LXX-76-3 p.
Parisiis, Palmé, 1873.

— T. III, complectens provincias *Cameracensem, Coloniensem, & Ebredunensem.* IV-1302-270-XXVI-71 p. Ibid. 1876.

— T. IV, complectens provinciam *Lugdunensem.* VII-1176-302-X-40 p.
Parisiis, Palmé; Bruxellis, Lebrocquy, 1876.

— T. V, complectens provincias *Mechliniensem & Moguntinensem.* XIV-32-X-1115-546 p.
E Societate generali Bibliothecæ catholicæ, Palmé & Lebrocquy, 1877.

— T. XI, complectens provinciam *Rotomagensem.* VII-985-338-94 p.
Parisiis, Palmé, 1874.

— T. XIII, complectens provincias *Tolosanam & Trevirensem.* IV-1437-584-71 p. Ibid. 1874.

Note sur les origines historiques des Églises des Gaules & spécialement sur la mission de saint Julien. (Signé P. Lemoine.)

Semaine du Fidèle du Mans, 2, 9, 23 & 30 mars ; 6 avril 1872.

— A part, in-8, de 32 p. Le Mans, Leguicheux-Gallienne, 1872.

De l'école légendaire & de l'origine historique des Églises des Gaules, spécialement de la mission de saint Julien, premier évêque du Mans.

Revue du Monde catholique, t. XXXVI, p. 407-433 (1873) ; t. XXXVII, p. 264-313 (1873).

Évangélisation des Gaules. Note en réponse au discours de M. de Meissas.

Dans : *Congrès archéologique de France*, XLVᵉ session. Séances générales tenues au Mans & à Laval en 1878. In-8, Paris, Champion, 1879, dé la p. 413 à la p. 427.

Les Prêtres déportés dans la rade de Rochefort en 1793 & 1794. Lettre de Simon Guilloreau à Pierre Hesmivy d'Auribeau. Document inédit.

Revue historique & archéologique du Maine, t. I, p. 91-108 (1876).

— A part, in-8, de 22 p. Mamers, Fleury & Dangin, 1876.

De l'esprit des croisades en France au dix-septième siècle.

Revue du Monde catholique, t. LI, p. 157-181, & 334-360 (1877).

— À part, in-8, de 52 p. Paris, Palmé, 1877.

MÉMOIRES sur la Révolution, le premier Empire & les premières années de la Restauration, par Jacques-Pierre Fleury, publiés & annotés par dom P. Piolin.

In-8, de 547 p. Paris, Palmé; le Mans, Leguicheux-Gallienne, 1874.

Origine apostolique des Églises des Gaules. Deux répliques à l'auteur du mémoire : *Les premiers évêques d'Orléans.*

Par M. l'abbé A. Hénault, chanoine honoraire de Chartres, & dom P. Piolin, O. S. B.

Petit in-8, de 20 p. Orléans, Herluison, 1887.

C'est la reproduction partielle des articles parus dans le *Monde*, 22 août 1886 & 11 juillet 1887.

HAGIOGRAPHIE GÉNÉRALE

& recherches monastiques

Bénédictins. Notice dans l'*Encyclopédie du XIXe siècle.* Paris, aux bureaux de l'Encyclopédie du XIXe siècle, rue Jacob, 1846. Voyez t. V, p. 185-191.

Quelques mots sur dom Maurice Poncet, bénédictin de Saint-Vincent.

Semaine du Fidèle du Mans, 10 novembre 1866.

Dom Claude Chantelou, bénédictin de la Congrégation de Saint-Maur.

Revue historique & archéologique du Maine, t. IV, p. 247-261 (1878).

— Le même, revu & augmenté, sous ce titre :

Biographie de dom Claude Chantelou, bénédictin de la Congrégation de Saint-Maur (1617-1664).

Publié dans : *Marmoutier. Dom Claude Chantelou. Cartulaire tourangeau & sceaux des abbés*, édités par Paul Nobilleau. Tours, Gailland-Verger, 1879, gr. in-8, de XCV-208 p. La biographie comprend de la p. 1 à la p. XC.

— Le même, à part, gr. in-8, de III-90 p. Tours, imprimerie Rouillé-Ladevèze, 1879.

Du costume monastique antérieurement au treizième siècle. Lettre à un peintre d'histoire.

Revue de l'Art chrétien, t. IX, p. 638-655 (1865).

— A part, in-8, de 20 p. avec une gravure. Arras, Rousseau-Leroy ; Paris, Putois-Cretté, 1866.

Les Écoles épiscopales et monastiques de l'Occident.

Revue de l'Art chrétien, t. X, p. 46-50 (1866).

Testament spirituel d'un bénédictin (1622).

Analecta juris pontificii, 154ᵉ livraison, 17ᵉ série, 1878, p. 897-910.

Note sur la réclusion religieuse, avec gravures.
Bulletin monumental, t. XLV, p. 449-480 (1879);
& t. XLVI, p. 518-550 (1880).

Deux lettres inédites de dom Edmond Martène.
Revue historique & archéologique du Maine, t. VIII,
p. 172-180 (1880).

Recherches sur les origines de la médaille de Saint-
Benoît.
Revue de l'Art chrétien, t. XXX, p. 5-58 (1880).

— A part, gr. in-8, de 54 p. avec planche &
vignettes. Arras, imprimerie de la Société du Pas-de-
Calais, 1880.

A propos d'une eau-forte de M. H. Riballier (sur le
costume monastique).
Revue de l'Art chrétien, t. XXX, p. 479-482 (1880).
(Signé Lucius Lenoir.)

Tombeau de Mathieu Gaultier, 45ᵉ abbé de Marmoutier & évêque de Négrepont (1512-1537).
Revue de l'Art chrétien, t. XXXI, p. 320-335
(1881).

— A part, in-8, de 16 p. avec une planche. Arras,
imprimerie de la Société du Pas-de-Calais, 1881.

Lettre à M. le Dʳ F. Grignard, dans : *l'Abbaye de
Flavigny, ses historiens & ses histoires* (in-8,
Autun, 1885), à la p. VII.

Le moine Raoul, architecte de l'église abbatiale de Saint-Jouin-lez-Marnes, & le bienheureux Raoul de la Fustaye.

Revue des Questions historiques, t. XLII, p. 497-509 (1887).

Lettre sur la nouvelle édition des Petits Bollandistes.

Petits Bollandistes, 7ᵉ édition, 1878, Bloud & Barral, t. I, p. v.

SUPPLÉMENT AUX VIES DES SAINTS & spécialement aux Petits Bollandistes d'après les documents hagiographiques les plus authentiques & les plus récents.

3 vol. in-8, de 8-701, 678 & 652 p. Paris, Bloud & Barral, 1885-1886.

Hagiologie. *Polybiblion*, t. XLI, p. 493-504 (1884); t. XLVI, p. 385-398 (1886); & t. XLIX, p. 385-403 (1887).

MAINE ET ANJOU
I — Hagiographie

Une relique de saint Julien, apôtre du Maine.
Chronique de l'Ouest, 16 juin 1856.

La miraculeuse Chapelle de Notre-Dame du Chêne.

In-32, de 124 p. Paris, Julien, Lanier & Cⁱᵉ, 1857.

— 2e éd. in-32, de 128 p. Angers, Cosnier & Lachèse, 1859.

— 3e éd. in-32, de 142 p. Le Mans, Loger, Boulay & Cⁱᵉ, 1863.

— 4e éd. in-32, de 144 p. avec gravures. Le Mans, Leguicheux-Gallienne, 1869.

— 5e éd. in-18, de 143 p. avec gravures. Tours, Mame, 1872.

— 6e éd. in-32, de 141 p. avec 4 gravures. Le Mans, Leguicheux-Gallienne, 1875.

— 7e éd. in-18, de 144 p. 3 gravures & 10 sceaux gravés. Le Mans, Leguicheux-Gallienne, 1880.

— 8e éd. augmentée de la description de la nouvelle église, in-32, de 170 p. 3 gravures. Solesmes, imprimerie Saint-Pierre, 1886.

— Un extrait de la préface & des premiers chapitres a été publié dans la *Chronique de l'Ouest*, 16 novembre 1856 & 1er janvier 1857.

Pèlerinage des conférences de Saint-Vincent de Paul à Notre-Dame du Chêne.

Chronique de l'Ouest, 27 juin 1859.

Projet de reconstruction de Notre-Dame du Chêne.

Semaine du Fidèle du Mans, 18 juillet 1863.

Ex-voto monumental de l'église de Saulges.

Chronique de l'Ouest, 21 mars & 1er avril 1858.

— A part, in-12, de 32 p. Paris, Julien, Lanier & Cⁱᵉ, 1858.

Ex-voto monumental de l'église de Saulges. Groupe de la Trinité. La cité des Arviens.

Revue de l'Anjou & du Maine, t. II, p. 216-228 (1858).

— A part, in-8, de 13 p. Angers, Cosnier & Lachèse, 1858.

— Reproduit dans l'*Écho de la Mayenne*, 4 & 7 février 1858.

Deux lettres en réponse à M. d'Ozouville à propos de Saulges & de la mission de saint Julién.

Revue de l'Anjou & du Maine, t. III, p. 259-262, & p. 380 (1858).

Iconographie chrétienne. Ex-voto de l'église de Saulges.

Revue de l'Art chrétien, t. IV, p. 505-514 (1860).

— A part, in-8, de 14 p. avec une gravure. Paris, Blériot, 1860.

Saulges (Mayenne) & ses antiquités.

In-16, de 23 p. Imprimerie Saint-Pierre, aux Chesnais, près Bouëssay (Mayenne), 1882.

Vie de saint Sérené.

In-32., de 117 p. Angers, Cosnier & Lachèse, 1858.

— 2ᵉ édition, sous ce titre :

Vie de saint Sérené et le pèlerinage de Saulges.

In-32, de 107 p. & une gravure sur bois. Ibid. 1868.

Pèlerinage de Saint-Sylvin à Saint-Pierre-sur-Erve. Histoire & description.

Semaine du Fidèle du Mans, 28 novembre & 26 décembre 1863.

Pèlerinage de Sainte-Apolline à la Templerie. Histoire & description.

Semaine du Fidèle du Mans, 9 avril 1864.

Pierre Gouger, surnommé *le bon pauvre* (de Laval).

Semaine du Fidèle du Mans, 31 décembre 1864.

Le saint pèlerinage de Notre-Dame d'Avénières. Histoire, description du monument, grâces spirituelles.

In-32, de 195 p. Laval, Mary-Beauchêne, 1864.

Charles VII & la Vierge de Saint-Julien.

Semaine du Fidèle du Mans, 8 septembre 1866.

Un mot sur saint Regnault, ermite de Mélinais.

Semaine du Fidèle du Mans, 29 juin 1867.

Pèlerinages au Mont-Saint-Michel accomplis par des Angevins & des Manceaux au XVIe & au XVIIe siècle.

Revue historique, littéraire & archéologique de l'Anjou, t. II, p. 253-264 (1868).

— A part, in-8, de 12 p. Angers, Barassé, 1868.

Le Rouleau mortuaire de saint Bruno dans le Maine.

Semaine du Fidèle du Mans, 3 octobre 1868.

Saint Front, solitaire dans le Passais au VIe siècle.
Semaine du Fidèle du Mans, 13 & 27 mars, 10 &
17 avril 1869.

— A part, in-8, de 20 p. Le Mans, Leguicheux-
Gallienne. (Signé P. Lemoine.)

Encore saint Front.
Semaine religieuse de Laval, 6 avril 1872.

A propos des reliques des saints Gervais & Pro-
tais martyrs, patrons secondaires de la cathédrale &
du diocèse du Mans.
Semaine du Fidèle du Mans, 30 septembre 1871.

Les Manceaux en pèlerinage à Notre-Dame de Bonne-
Nouvelle à Rennes, 8-11 septembre 1634.
Semaine du Fidèle du Mans, 18 janvier 1873.

Vie de saint Liboire, évêque du Mans, & rensei-
gnements sur son culte d'après les documents im-
primés & inédits, par Conrad Mertens, chapelain
à Kirchbarchen près Paderborn (Westphalie).
Semaine du Fidèle du Mans, 10 mai 1873.

Saint Julien, apôtre du Maine, dans l'église de
Notre-Dame de Beaufort-en-Vallée.
Semaine du Fidèle du Mans, 9 octobre 1875.

Hommage des princes de la maison de Bourbon à
saint Julien, l'apôtre du Maine.
Semaine du Fidèle du Mans, 15 & 24 avril 1876.

Saint Bibien, évêque de Saintes, & son pèlerinage
à Saulges.
Semaine religieuse de Laval, 9 mars 1878.

Saint Ernée, solitaire à Ceaucé.
Semaine religieuse de Laval, 6 avril 1878.

Manuel du pèlerin à Notre-Dame de Torcé, par l'abbé
Jacques-Louis-Antoine-Marie Lochet. 2ᵉ édition, revue,
corrigée & augmentée d'une notice sur l'auteur par
dom P. Piolin.
In-18, de xv-149 p. Notre-Dame de Torcé, 1887.

A propos des reliques de sainte Scholastique en
l'abbaye de Saint-Julien du Pré au Mans & en l'abbaye de Saint-Nicolas de Verneuil-sur-Avre (1666-
1880).
Semaine du Fidèle du Mans, 5 & 12 février, 26
mars, 9 avril 1887.

2 — Histoire

HISTOIRE DE L'ÉGLISE DU MANS.

— Tome I, in-8, de cxxxv-473 p. Paris & le
Mans, Julien, Lanier & Cⁱᵉ, 1851.

— T. II, de vi-551 p. Ibid. 1854.

— T. III, de viii-707 p. Ibid. 1856.

— T. IV, de viii-613 p. Ibid. 1858.

— T. V, de vill-741 p. Paris, Vrayet de Surcy, 1861.

— T. VI, de xv-615 p. Ibid. 1863.

L'ÉGLISE DU MANS durant la Révolution. Mémoires sur la persécution religieuse à la fin du XVIIIe siècle. Complément de l'*Histoire de l'Église du Mans.*

— Tome I, in-8, de xxiv-516 p. Le Mans, Leguicheux-Gallienne, 1868.

— T. II, de 644 p. Ibid. 1868.

— T. III, de 584 p. Ibid. 1869.

— T. IV, de xv-532 p. Ibid. 1871.

René Martineau, médecin manceau (1510-1573). *Chronique de l'Ouest,* 1er juillet 1856.

Charte de Jean, duc de Nemours, en faveur du prieuré de Solesmes (2 juin 1497). *Revue de l'Anjou & du Maine,* t. I, p. 302-306 (1857).

— A part, in-8, de 4 p. Angers, Cosnier & Lachèse, 1857.

Claude Blondeau, François Bondonnet & Julien Poirier, auteurs manceaux. *Chronique de l'Ouest,* 12 juin 1858.

Antoine Moreau, curé de Montoire (1625-1702), fondateur des sœurs de la Charité de Montoire.

Semaine du Fidèle du Mans, 7, 14, 28 février ;
14 mars ; 4, 18 avril ; 9 & 16 mai 1863.

Les Œufs de Pâques dans le Maine.

Chronique de l'Ouest, 1er avril 1858.

— Reproduit dans l'*Univers*, 3-4 avril 1858.

Recherches sur les mystères qui ont été représentés dans le Maine.

Revue de l'Anjou & du Maine, t. III, p. 161-182, 228-246, 321-325 ; t. IV, p. 1-18 (1858).

— A part, in-8, de 74 p. Angers, Cosnier & Lachèse, 1859.

LE MAINE ET L'ANJOU historiques, archéologiques & pittoresques, par le baron de Wismes. Recueil des sites & des monuments les plus remarquables, sous le rapport de l'art & de l'histoire, des départements de la Sarthe, de la Mayenne & de Maine-&-Loire,... par le baron de Wismes & un certain nombre de collaborateurs.

2 volumes in-fol. t. I, *le Maine* ; t. II, *l'Anjou*. Paris, Auguste Bry ; Nantes, Forest, 1861.

On doit à la collaboration de dom Piolin les chapitres suivants :

Introduction au tome I, Le Maine. *Histoire, littérature, art & archéologie*, p. I-XXII.

Église de la Couture au Mans, p. 1-3.

Église de Notre-Dame du Pré au Mans, p. 1-4.

Église de Fresnay-le-Vicomte, p. 1-6.

Château de Bonnétable, p. 1-4.

*Abbaye de Solesmes : 1. Prieuré de Solesmes. —
2. Église abbatiale de Solesmes. — 3. Congrégation
Française de l'Ordre de Saint-Benoît*, p. 1-8.

*Jublains (Mayenne). Précis sur les Diablintes. Évê-
ché des Diablintes. Fouilles exécutées à Jublains.
Écrivains qui se sont occupés de Jublains. Jublains
moderne & ses environs*, p. 1-6.

Notice sur Marguerin de la Bigne, théologal de
Bayeux, grand doyen du Mans (1546-1597).

Revue de l'Anjou & du Maine, t. V, p. 201-218
(1859).

— A part, in-8, de 18 p. Angers, Cosnier & Lachèse, 1859.

— Reproduit dans la *Chronique de l'Ouest*, 9, 11
& 13 janvier 1860.

— 2e éd. in-8, de 67 p. Caen, Le Blanc-Hardel,
1870.

La reine Bérengère au Mans.

Chronique de l'Ouest, 9 & 11 novembre 1859.

Glanes historiques. Nicolas Goutard (XVIIIe siècle).

Chronique de l'Ouest, 3 décembre 1866. (Signé
Lucius Lenoir.)

La Conspiration des bazinistes & René Levasseur.

Revue du Monde catholique, t. XX, p. 79-114
(1867).

— A part, in-8, de 36 p. Paris, Palmé, 1867.

Souvenirs de la Révolution dans les départements de l'Ouest. *Conspiration des baxinistes*, épisode de la lutte entre la Gironde & la Montagne.

In-18, de 102 p. Paris, Willem, 1870.

La chaire du vénérable Jean Michel, évêque d'Angers.

Semaine religieuse d'Angers, 22 septembre 1867 ; & *Semaine du Fidèle du Mans*, 11 janvier 1868.

PERSÉCUTION endurée par les religieuses hospitalières de Saint-Joseph de Beaufort-en-Vallée. Souvenirs de la Révolution dans l'ouest de la France.

Revue du Monde catholique, t. XXIII, p. 276-300 & 365-398 (1868).

— A part, in-8, de 60 p. Paris, Palmé, 1868.

— Reproduit & augmenté dans la *Revue historique, littéraire & archéologique de l'Anjou*, t. IX, p. 178-207, 305-331 ; t. X, p. 232-252, 294-307 (1873).

— A part, in-8, de XII-101 p. Angers, Barassé, 1873, 2ᵉ éd.

Lettre d'une carmélite d'Angers à une de ses amies sur la vie de M. l'abbé Cassin, chanoine de la cathédrale de cette ville & supérieur des carmélites, mort en odeur de sainteté le troisième jour de septembre 1783.

In-8, de 19 p. Angers, Lainé, 1868.

Un professeur à l'Université d'Angers, Joseph du
Mabaret (XVIIIe siècle).

> *Revue historique, littéraire, & archéologique de
> l'Anjou,* t. III, p. 129-144 (1869).
>
> — A part, in-8, de 16 p. Angers, Barassé, 1869.

Notice sur le collège de Château-Gontier, avec deux
eaux-fortes.

> In-4, de 17 p. Château-Gontier, J.-B. Bézier, 1872.
>
> Extrait de *Château-Gontier & ses environs,* album
> de trente eaux-fortes par Tancrède Abraham, & texte
> de différents collaborateurs. Ibid. 1872.

René de Robbeville, du diocèse du Mans, chanoine
d'Amiens (XVIIe siècle).

> *Semaine du Fidèle du Mans,* 23 janvier 1875.

Maître Jean Hemery († 1463); son épitaphe dans
l'église de Houssay (Bas-Maine).

> *Revue historique & archéologique du Maine,* t. I,
> p. 645-647 (1876).

Les petites écoles jansénistes dans l'Anjou au
dix-septième siècle (1655-1677).

> *Revue historique, littéraire & archéologique de
> l'Anjou,* t. XVI, p. 48-63, 177-192, 278-296 (1876).
>
> — A part, in-8, de 52 p. Angers, Barassé. s. d.

Le Ronceray, abbaye de Notre-Dame de la Charité.

> Notice par le R. P. dom Paul Piolin; 8 p. petit
> in-fol. dans : *Angers & ses environs,* album de

gravures à l'eau-forte par Tancrède Abraham, petit in-fol. Château-Gontier, J.-B. Bézier, 1876.

Abbaye de Notre-Dame de la Charité ou du Ronceray.

Revue historique, littéraire & archéologique de l'Anjou, t. I (nouvelle série), p. 1-14 & 169-188 (1879).

— A part, in-8, de 33 p. Angers, Germain & Grassin, 1879.

Recherches sur les artistes qui ont exécuté les sculptures de l'église abbatiale de Saint-Pierre de Solesmes.

Revue de l'Art chrétien, t. XXIV, p. 406-438 (1877).

— A part, gr. in-8, de 35 p. Arras, imprimerie de la Société du Pas-de-Calais, 1878.

Question d'origine; les sculptures de l'église abbatiale de Saint-Pierre de Solesmes.

Semaine du Fidèle du Mans, 8 juin, 6 juillet 1878.

— A part, in-8, de 40 p. Le Mans, Leguicheux-Gallienne, 1879.

Pèlerinage de Philippe de Luxembourg, évêque du Mans, en Terre Sainte, en l'année 1480.

Revue historique & archéologique du Maine, t. VI, p. 337-340 (1879).

René Desboys du Chastelet. L'odyssée & diversité d'aventures, rencontres & voyages en Europe Asie & Afrique; divisée en quatre parties, 1665.

Notice biographique & littéraire par dom Piolin.

Revue historique & archéologique du Maine, t. XII, p. 263-327 (1882).

— A part, in-8, de 67 p. Mamers, Fleury, 1882.

Discours du nouveau président, le R. P. dom Piolin, à la première réunion du conseil pour l'installation du nouveau bureau de la Société historique & archéologique du Maine (11 décembre 1883).

Revue historique & archéologique du Maine, t. XIV, p. 433-435 (1883).

— Le même, à part, voyez le numéro suivant.

Testament du cardinal d'Angennes de Rambouillet, évêque du Mans, 1557-1587.

Revue historique & archéologique du Maine, t. XV, p. 135-140 (1884).

— A part, avec le discours du R. P. dom Piolin, président de la Société historique & archéologique du Maine, le 11 décembre 1883.

In-8, de 14 p. Mamers, Fleury & Dangin, 1884.

Charles d'Angennes de Rambouillet, cardinal, évêque du Mans, & le vénérable Jean de la Barrière, abbé de Feuillants, au diocèse de Rieux, 1559-1587.

Semaine du Fidèle du Mans, 27 mars & 3 avril 1886.

— A part, in-8, de 12 p. Le Mans, Leguicheux, 1886.

Louise de Savoie, comtesse du Maine (1513-1534).

> *Revue historique & archéologique du Maine,* t. XIX, p. 106-124 (1886).

> — A part, in-8, de 23 p. Mamers, Fleury & Dangin, 1886.

Quelques étudiants manceaux en l'Université d'Orléans au XVII° siècle.

> *Revue historique & archéologique du Maine,* t. XX, p. 376-380 (1886).

Discours de dom Piolin, président de la Société historique & archéologique du Maine, dans : *Notice sur la vie & les travaux de M. l'abbé Robert Charles,* par M. S. Menjot d'Elbenne, vice-président de la même Société.

> *Revue historique & archéologique du Maine,* t. XXII, (1887). (Voyez p. 20-22.)

Archéologie & Mélanges

MONUMENTS ÉPIGRAPHIQUES du Christianisme.

I. Le titre de la croix de Jésus-Christ : *Jesus Nazarenus rex Judæorum.*

> *Auxiliaire catholique,* t. I, p. 104-114 & 219-235 (1845).

II. Inscription d'Athènes : *Ignoto Deo.*

Auxiliaire catholique t. I, p. 396-406 (1845).

III. Statue et inscriptions érigées à Rome en l'honneur de Simon le Magicien : *Simoni Deo sancto.*

Ibid. t. II, p. 32-44 (1845).

Dissertation reproduite dans l'*Encyclopédie théologique de Migne,* Dictionnaire historique, archéologique, philologique, chronologique, géographique & littéral de la Bible, par dom Calmet ; 4ᵉ édition par l'abbé James... 4 vol. in-4 ; Paris, Migne, 1846. Voyez t. IV, col. 1315 à 1328.

Lettre à M. Barbier de Montault sur la liturgie.

La Paroisse, revue littéraire, 15 mars 1861.

Discours prononcé à la séance académique tenue à l'institution Sainte-Croix au Mans pour la clôture des travaux de l'année scolaire.

Chronique de l'Ouest, 31 juillet 1863 ; & *Semaine du Fidèle du Mans,* 8 août 1863.

Inscription placée sur la maison natale de Mgr J.-B. Bouvier.

Semaine du Fidèle du Mans, 23 avril 1864.

Consécration de l'église du Bignon & inscription commémorative.

Semaine du Fidèle du Mans, 30 avril 1864.

Comment testaient nos pères.

Semaine du Fidèle du Mans, 9 décembre 1865 ; 20 janvier, 24 février 1866.

Encore un vieux testament.

Semaine du Fidèle du Mans, 28 juillet 1866.

Les Lampes du Saint-Sacrement : *La Lumière ;*
— *Lampes rituelles ;* — *Mystique ;* — *Huiles saintes ;*
— *Lampes vivantes ; œuvre des lampes du Saint-Sacrement.*

Semaine du Fidèle du Mans, 23 février 1867 ; —
10 & 23 mars, 27 avril, 1er juin 1867 ; — 13 juillet 1867 ; — 20 juillet 1867 ; — 10 août 1867.

— A part, in-8, de 46 p. Le Mans, Monnoyer, 1867.

Observations sur une pierre celtique.

Bulletin de la Société d'agriculture, sciences & arts de la Sarthe, t. XII (2e série), p. 63-67 (1870).

Note sur la mort du cardinal d'Armagnac, publiée sous forme d'appendice dans : *Lettres inédites du cardinal d'Armagnac...*, par Tamizey de Larroque. Paris, Claudin, 1874.

Voyez p. 131 à 134.

L'Italie. Études historiques.

Revue du Monde catholique, t. XLI, p. 640-643 (1874).

Du côté droit et du côté gauche d'une église.

Semaine du Fidèle du Mans, 9 janvier 1875.

Les Femmes dans la société chrétienne.

Revue du Monde catholique, t. LX, p. 685-700 (1879).

Le Martyrium de Poitiers. *Monde*, 28 juin 1885.

— Reproduit dans : *Documents sur la question du Martyrium de Poitiers*, publiés par Mgr Barbier de Montault. In-8, Poitiers & Paris, Oudin, 1885.

Biographie
& Articles nécrologiques

Notice sur le chanoine Julien-Léon Piolin.
Chronique de l'Ouest, 23 janvier 1861.

Notice sur le chanoine René-Jean-François Lottin.
Chronique de l'Ouest, 29 janvier 1868.

Le vicomte Armand de Melun (1807-1877).
Gazette du Dimanche, 20 février, 21 & 28 août, 4 septembre 1881 ; 18 février 1882.

— Reproduit dans les *Illustrations & Célébrités du XIXᵉ siècle*, 1ʳᵉ série, p. 395-453. Paris, Bloud & Barral, s. d.

Dom Prosper Louis Pascal Guéranger (1805-1875).
Gazette du Dimanche, 23 avril & 7 mai 1882.

— Reproduit dans les *Illustrations & Célébrités du XIXᵉ siècle*, 3ᵉ série, p. 21-81. Paris, Bloud & Barral, 1884.

Frédéric Ozanam (1813-1853).
Gazette du Dimanche, 7 janvier 1883.

— Reproduit dans les *Illustrations*, &c., 5e série, p. 119-180.

Mgr Philippe-Olympe Gerbet (1798-1864).
Gazette du Dimanche, 14 octobre 1883.

— Reproduit dans les *Illustrations*, &c., 5e série, p. 347-361.

Cuvier (1769-1832).
Gazette du Dimanche, 8 & 15 février 1885.

— Reproduit dans les *Illustrations*, &c., 8e série, p. 267-307.

Mgr Antoine de Salinis (1798-1861).
Gazette du Dimanche, 25 juillet 1886.

— Reproduit dans les *Illustrations*, &c., 11e série, p. 199-217.

Léon XII (1760-1829).
Gazette du Dimanche, 10, 17, 25 avril; 1er mai 1887.

— Reproduit dans les *Illustrations*, &c., 12e série, p. 451-509.

Pie VIII, pape (1761-1830).
Gazette du Dimanche, 21 & 28 mars 1886.

— Reproduit dans les *Illustrations*, &c., 10e série, p. 461-492.

Dom Pitra. Notice biographique.
Semaine du Fidèle du Mans, 7 février 1863.

Le R. P. dom François Lebannier. Notice nécrologique.

Semaine du Fidèle du Mans, 5 octobre 1867.

Le R. P. dom Jausions. Notice biographique & bibliographique.

Ibid. 22 octobre 1870.

Le R. P. Dom Bourge.

Ibid. 3 septembre 1871.

Le R. P. Dom Eugène Viaud.

Ibid. 24 février 1872.

Dom David, bénédictin de Solesmes.

Ibid. 11 mars 1876.

Mgr d'Outremont. Article nécrologique.

Revue historique & archéologique du Maine, t. XVI, p. 284 (1884).

Notice sur M. le marquis de Juigné.

Ibid. t. XX, p. 174-176 (1886).

Notice sur M. Paul Nobilleau, de Tours.

Ibid. t. XXI, p. 134, 135 (1887).

Notice sur M. Eugène Chevrier, de Sablé.

Ibid. t. XXI, p. 228-230 (1887).

Articles bibliographiques

Courriers bibliographiques publiés dans le *Monde* : 8 & 10 février, 31 mars, 6 mai, 9 août, 14 septembre, 2-3 novembre 1883 ; — 16 janvier, 10 & 22 avril, 3 & 20 juillet, 27 novembre 1884 ; — 5 janvier, 16 mars, 12 & 20 avril, 22 & 25 juin, 27 & 29 août, 7 novembre, 1ᵉʳ décembre 1885 ; — 4 janvier, 18 février, 2 mai, 5 juillet, 22 août, 6 octobre, 29 novembre, 10 & 25 décembre 1886 ; — 20 janvier, 14 & 17 mars, 17 avril, 14 mai, 26 & 29 juin, 11 & 14 juillet, 13 novembre, 22 décembre 1887.

Articles bibliographiques :

— *Revue des Questions historiques*, t. XVI, XVIII, XX, XXI, XXII, XXV, XXVI, XXVII, XXIX, XXX, XXXIII, XXXIV, XXXV, XL, XLII.

— *Polybiblion*, t. XI, XIII, XIV, XVI, XVII, XX, XXV, XXVI, XXVIII, XXIX, XXX, XXXI, XXXIV, XXXVIII, XL, XLI, XLVI.

— *Bibliographie catholique*, du tome LV au tome LXXV.

— *Univers*, 18 octobre 1856, 29 octobre 1872, 25 juin 1874, 11 septembre 1875, 4 janvier 1876, 17 novembre 1882.

— *Monde*, 25 juillet 1862, 17 novembre 1882,

2 mai 1834 ; 9 mars, 31 décembre 1885 ; 18 juin
1886.

— *Revue de l'Art chrétien*, t. X, p. 46 ; t. XII,
p. 639 ; t. XXIII, p. 241.

— *Annales de Philosophie chrétienne*, t. LIV, p. 402.

— *Chronique de l'Ouest*, 1ᵉʳ juillet 1858, 7 novembre 1859, 21 mars 1884.

— *Revue de l'Anjou & du Maine*, t. II, p. 62
(1858).

— *Revue historique & archéologique du Maine*, t. VI,
p. 102 ; t. XIV, p. 438 ; t. XVI, p. 104 & 287 ;
t. XIX, p. 183 ; t. XXI, p. 323 ; t. XXII, p. 400.

— *Studien und Mittheilungen aus dem Benediktiner
und dem Cisterciencer Orden* :
    1880, t. I, p. 183 ; t. II, p. 228.
    1881, t. I, p. 367 ; t. II, p. 368, 369, 371.
    1882, t. II, p. 216, 453.
    1883, t. II, p. 215, 317.
    1884, t. I, p. 523, 524 ; t. II, p. 484.

— *Semaine du Fidèle du Mans*, 26 décembre
1863, 16 & 23 avril 1864, 8 novembre 1873,
8 avril 1876 ; 15 janvier, 14 mai, 25 juin, 22 octobre 1887.

Plusieurs de ces articles sont signés P. P., ou Léon
Lemoine, ou Lucius Lenoir.

ARTICLES ET OUVRAGES
DE DOM PIOLIN

parus dans le courant de l'année 1888.

Discours du R. P. dom Piolin, président de la Société historique & archéologique du Maine, à l'assemblée générale pour le renouvellement du bureau, le 24 novembre 1887.

Revue historique & archéologique du Maine, t. XXIII, p. 166-169.

Les dix Saints canonisés le 15 janvier 1888.

Revue du Monde catholique, t. XCIV, p. 221-252.

Les Bollandistes & le premier volume des *Acta Sanctorum* de novembre.

Ibid. t. XCV, p. 424-435.

L'Esclavage africain.

Ibid. t. XCVI, p. 1-29 & 251-272.

(En cours de publication.)

Louis Chailly, de l'Oratoire, curé dans le diocèse du Mans, écrivain ecclésiastique & poète latin.

Revue historique & archéologique du Maine, t. XXIII, p. 155-164.

L'Abbé de Rancé & Jean-Baptiste Thiers.
Revue historique de l'Ouest, IV° année, p. 466-491.
— A part, in-8, de 30 p. Vannes, Eug. Lafolye.

Pie IX (1792-1878).
Gazette du Dimanche, 8, 15, 22, 29 avril.

Le Cardinal de Bonnechose (1800-1883).
Ibid. 21 & 28 octobre.

Dom Eugène Gardereau. Notice biographique.
Univers, 29 mai.
— Reproduit dans *Studien und Mittheilungen*, &c.
année 1888, p. 529, 530.

M. le comte du Buat. Notice nécrologique.
Revue historique & archéologique du Maine, t. XXIV,
p. 242, 243.

HISTOIRE POPULAIRE de SAINT JULIEN,
premier évêque du Mans,
In-16, de III-221 p. Paris, imprimerie Deguy,
1888.

Hagiologie. *Polybiblion*, t. LII, p. 309-327.

Courriers bibliographiques.
Monde, 5 janvier, 19 avril, 7 & 18 mai, 11 &
25 juin, 15 juillet, 10 septembre, 8 & 29 octobre.

Articles bibliographiques :
— *Revue du Monde catholique*, t. XCV, p. 435.

— *Revue historique & archéologique du Maine*, t. XXIII, p. 170 & 454; t. XXIV, p. 245-253.

— *Monde*, 15 juillet.

— *Bibliographie catholique*, t. LXXVII, p. 345, 389, 511; & t. LXXVIII, p. 76, 142, 182.

Solesmes, novembre 1888.